Anne Schulte-Huxel

Kreatives Bilderweben

Materialien · Vorlagen · Motive

FALKEN VERLAG

Inhalt

Mein Dank gilt meinem Mann, dem Fotodesigner Achim Sperber, der das gesamte Fotomaterial produziert hat.

Weiterhin möchte ich meinen Freundinnen danken, die mir ihre Arbeiten zur Verfügung gestellt haben:
Bärbel Wälter S. 3, 6
Rosy Dypka S. 9, 10, 11 unten
Monika Rhody S. 13, 18, 19, 21, 28 oben
Maja Fleischauer S. 27
und der Weberin
Grita Hammer für die Arbeiten auf S. 30/31

CIP-Kurztitelaufnahme der Deutschen Bibliothek

Schulte-Huxel, Anne:
Kreatives Bilderweben / Anne Schulte-Huxel. – Niedernhausen/Ts.: Falken-Verlag, 1986.
(Falken-Bücherei)
ISBN 3-80680814-7

In der gleichen Reihe sind unter anderem folgende Hobbybücher erschienen:
Klöppeln (Nr. 0788)
Zauberhafte Seidenmalerei (Nr. 0664)
Kuscheltiere stricken und häkeln (Nr. 0734)

ISBN 3 8068 0814 7

Titelgestaltung: Graphik-Design-Studio Lothar Mielau, Wiesbaden;
Foto Achim Sperber
Fotos: Achim Sperber
Zeichnungen: Brigitte Braun, Bad Schwalbach; Anne Schulte-Huxel

Satz: LibroSatz, Kriftel bei Frankfurt
Druck: Offset-Team Zumbrink KG, Bad Salzuflen

817 2635 4453 6271

Aller Anfang ist nicht schwer ...

Die prachtvollen mittelalterlichen Gobelins in den Prunksälen französischer Fürstenhäuser, die Kunstfertigkeit indianischer Folklore-Webereien oder die Bildteppiche der ägyptischen Kinder aus Harrania versetzen uns in Staunen.
Dabei ist die Technik denkbar einfach: Ähnlich wie beim Stopfen werden zwei Fadensysteme, die **gespannten Kettfäden** und die **eingelegten Schußfäden,** miteinander verkreuzt. Diese Grundbindung (man nennt sie **Leinwandbindung**) bietet eine Fülle an Gestaltungsmöglichkeiten: allein durch ungewöhnliche Material- und Farbzusammenstellungen entstehen abstrakte Strukturbilder, die als Behang oder gerahmtes Bild zur individuellen Raumgestaltung beitragen. Es genügt ein preiswerter oder ein schnell selbst herzustellender Webrahmen, der nicht viel Platz braucht.

So ist die Bildweberei kein technisch schwieriger Vorgang, sondern in erster Linie ein kreativer Prozeß, bei dem Sie Ihre Ideen spontan umsetzen können. Auch Sie werden bald Ihre Begeisterung fürs Bildweben entdecken, voll Freude die stückweise Entstehung Ihres Werkes verfolgen und eifrig nach schönen Wollen, Seiden, Bändern oder Perlen Ausschau halten.
Dieses Büchlein soll Sie Schritt für Schritt führen, von der einfachen abstrakten Webarbeit bis hin zu figürlichen Kompositionen. Mit der Zeit werden Sie mit der Technik vertrauter: Sie wagen sich an größere Formate, Sie experimentieren mit textilfremden Materialien oder mit ganz neuen Farbkombinationen. Lassen Sie Ihrer Phantasie freien Lauf und verspüren Sie die Befriedigung über eine individuelle gelungene Kreation.

Schaumkronen auf dem Wasser – ein Anfängerbild in bewegter Weberei

Material und Geräte

Wolle, Garne, Perlen und vieles mehr läßt sich zum Weben verwenden.

Als **Kettgarn** benötigen wir reißfeste Schnur aus Baumwolle, Leinen oder Sisal. Es soll dünner sein als das Schußgarn, damit die vielfältigen Schußmaterialien besser zur Wirkung kommen. Baumwollkordel oder Cordonnet-Garn wird im Handel meist in Weiß angeboten in der Stärke von 0,5 bis 2 mm. Das Garn kann auch nach Belieben eingefärbt werden, wenn eine Webarbeit mit ausgesparter Kette geplant ist. Es kann natürlich auch eine festgedrehte Wolle oder Wollmischqualität verwendet werden. Da Wolle elastisch ist, schrumpft das Gewebe aber etwas ein, sobald es vom Rahmen abgenommen wird.

Als **Schußmaterial** können Sie alles verwenden, was Ihr Restekorb hergibt: Wollen, Seiden, Baumwolle und Leinen, Ungesponnenes, gehäkelte oder gestrickte Bänder, Satinschleifen, Geschenkbändchen und natürlich auch Textilfremdes wie Perlen, dünne Plastikbändchen, Pailletten, Federn, Stöckchen und andere Naturfunde. Legen Sie sich am besten einen kleinen Vorrat an, nach Farben sortiert. Damit Sie nach langwieriger Webarbeit möglichst lange Freude an der Kostbarkeit haben, sollten Sie gerade bei bildnerischen Arbeiten qualitativ hochwertige Materialien auswählen. Wunderschön in ihren zurückhaltenden Farben sind pflanzengefärbte Seiden und Wollen. Für die Webarbeit benötigen Sie einen **stabilen Rahmen**, auf den die Kettfäden gespannt werden. Alle im Handel befindlichen Webrahmen oder Webstühle sind hierfür geeignet.

Dem Anfänger sei geraten, sich selbst einen Spannrahmen aus vier Holzleisten zu bauen. Oben und unten werden jeweils zwei Reihen kleiner Messingnägel eingeschlagen, und zwar versetzt zwei Nägel pro Zentimeter. Die untere Doppelreihe sollte sich vor der Leiste befinden, damit beim Weben die Fäden nicht hängenbleiben.

Soll die Webarbeit auf dem Rahmen bleiben, kann man einen Keilrahmen aus dem Bastelladen farblich passend beizen und

die Nagelreihen so anbringen, daß die zu bespannende Fläche etwas größer als das innere Rahmenmaß ist. Nun webt man die gesamte bespannte Fläche randlos aus und schlägt die Nägel hinterher ganz ein. Einfach herzustellen ist auch ein Schlitzrahmen, indem anstelle der Nagelreihen etwa 1 cm tiefe Schlitze in die Leisten gesägt werden.
Für **größere Formate**, etwa ab 50 cm Webbreite, sollten Sie eine Vorrichtung zur **Fachbildung** erstellen. Das Fach, in das das Schußmaterial eingelegt wird, bildet sich durch die Trennung von zwei Kettfadengruppen, die abwechselnd gehoben und gesenkt werden. Eine einfache Methode ist das Einlegen eines sogenannten **Kreuzstabes**, der unter jeden zweiten Faden geschoben wird. Durch den Kreuzstab findet bereits eine Trennung der Fäden statt. Für die zweite, entgegengesetzte Fachbildung müssen nun die unter dem Kreuzstab befindlichen Fäden gehoben

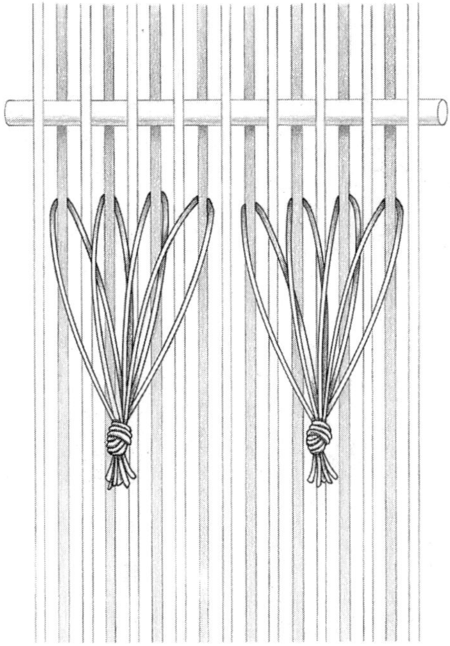

Baumwollschlaufen (Litzen), um jeden 2. Kettfaden geschlungen, erleichtern das Weben durch Fachbildung.

werden. Dafür werden sie einzeln mit **Litzen**, das heißt Baumwollschlaufen, umschlungen, die zu Bündeln von 4–6 Schlaufen zusammengefaßt werden. Für die Fachbildung wird nun der Kreuzstab nach hinten geschoben und die Litzenfäden bündelweise hochgehoben. So kann stückweise der zweite Einschuß erfolgen. Bei den im Handel befindlichen Flach- oder Hochwebrahmen ist ohnehin eine Einrichtung zur Fachbildung vorgesehen.
Zum Weben selbst benötigen wir eine Durchzugsnadel (Handwerkernadel) mit abgeflachter Spitze, für größere Formate eignen sich auch Gobelinpinnen oder hölzerne Webnadeln oder -schiffchen, auf die das Garn aufgewickelt wird. Bei genügend großer Fachbildung kann das Material auch in kleinen Puscheln mit der Hand eingelegt werden. Nach jedem Fadeneintrag wird mit einer Gabel oder einem Kamm **angeschlagen**, damit das Gewebe Dichte erhält.

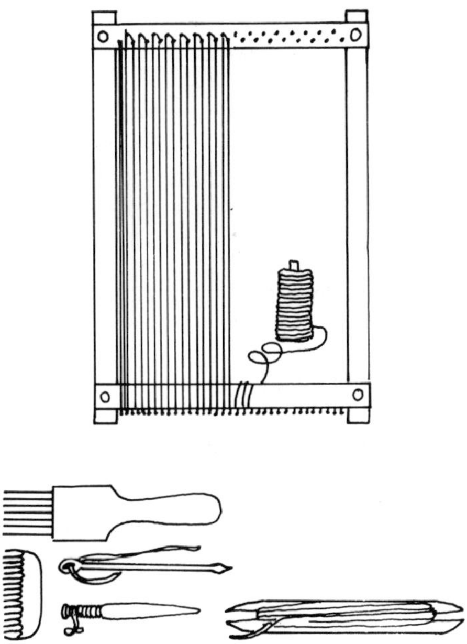

Geräte für das Bilderweben

Es kann losgehen!

Einrichten des Rahmens

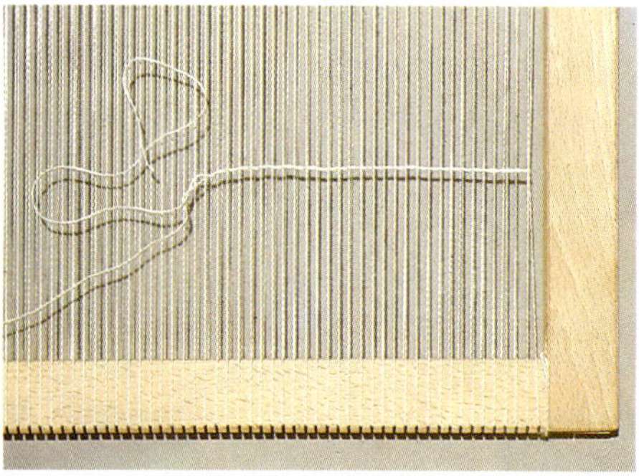

Eine Kordelkante sorgt für einen gleichmäßigen Anfang.

Das **Bespannen des Rahmens** erfolgt in einem Zug; die Spannung sollte straff und gleichmäßig sein. Beginnend mit einer Schlaufe am linken unteren Nagel werden zunächst die ersten beiden Randfäden verdoppelt, dann umschlingen Sie jeden einzelnen Nagel oben und unten. Sie erhalten ein Fadenbild von 4 Fäden pro Zentimeter. Für gröbere Gewebe umschlingen Sie jeweils zwei benachbarte Nägel und erhalten so eine Dichte von 2 Fäden pro Zentimeter. Die letzten beiden Randfäden werden ebenfalls verdoppelt. Als unteren Rand arbeitet man eine **Kordelkante** aus dem Kettmaterial, indem zwei Schnüre zwischen den einzelnen Kettfäden miteinander zu einer gleichmäßigen Kordel verdreht werden. Dadurch legen sich die Kettfäden parallel und es bildet sich ein fester Abschluß, der zum Beispiel für eine Fransenkante nützlich ist. Dann werden mit dem gleichen Material einige Reihen **in Leinwandbindung angewebt**.
Beim Spannrahmen verwenden Sie dazu am besten eine Durchzugsnadel mit einem etwa 1 m langen Faden aus Kettmaterial.

Grundtechniken der Bildweberei

Beim ersten Fadeneintrag bleibt das **Fadenende am Rand** etwa 5 cm hängen. Bevor Sie das Fach wechseln, wird nun dieses Ende um den äußeren Kettfaden am Rand gelegt und wieder zurückgeführt ins offene Fach. Dann wird das Fach gewechselt, der nächste Schuß locker eingelegt, angeschlagen und normal weitergewebt. So werden alle Fadenenden, die am Rand durch Farb- oder Fadenwechsel entstehen, sauber im Gewebe befestigt.
Bei einem **Fadenwechsel mitten im Gewebe** werden Fadenende und -anfang etwa 4 cm im selben Webfach übereinandergelegt und so durch das normale Weiterweben gesichert. Gröbere Fäden werden auf der Rückseite hängengelassen und eventuell hinterher verknotet oder ins fertige Gewebe zurückgestopft.

Die »Taille« ist bei diesem Bild gut zu erkennen: der Schuß wurde nicht locker genug eingelegt.

Verzahnung von zwei Farbflächen

Schlitz- oder Kelimweberei

Schrägen werden in Stufen gewebt.

Kreis und eingerahmte Form

Die Grundbindung der Bildweberei ist der **Gobelinrips**, eine Abwandlung der Leinwandbindung. Mit Hilfe der Webnadel wird wie beim Stopfen abwechselnd ein Faden gehoben und gesenkt; dann wird der Schußfaden **locker im Bogen** eingelegt und so fest mit einer Gabel oder einem Kamm angeschlagen, daß die **Kette später nicht mehr sichtbar** ist. Wichtig ist, daß die Einschüsse sehr locker erfolgen. Die Kettfäden bleiben während der ganzen Webarbeit gespannt, während Sie den Schußfäden genügend Spielraum geben müssen, damit diese in ständigem Auf und Ab die Kettfäden locker umspielen können. Andernfalls zieht sich das Gewebe nach einiger Zeit zusammen, wird an den Seiten krumm und bildet eine »Taille«. Man könnte Abhilfe schaffen durch stellenweises Anbinden des Randes an den Rahmen, doch sollte man solchen Notlösungen lieber vorbeugen.

Stoßen **zwei senkrechte Farbflächen** zusammen, können sie miteinander **verzahnt** werden, indem um einen gemeinsamen Randfaden gewebt wird.

Typisch für den sogenannten **Kelim** sind die **Schlitze**, die entstehen, wenn die Farbflächen getrennt senkrecht hochgewebt werden. Die Schlitze können als Gestaltungselement einbezogen (besonders bei geometrischen Motiven) oder aber auf der Rückseite vernäht werden. Mit der Kelimtechnik kann man auch schmale senkrechte Stege über zwei oder drei Kettfäden arbeiten.

Für eine **Schräge** wird zunächst das Feld mit der aufsteigenden Schräge gewebt, dann kann der Einschuß für das angrenzende Feld fest angeschlagen werden.

Für den **Kreis** muß zunächst ein »Bett« geschaffen werden: es wird ein Halbkreis ausgespart und dann die Kreisform, die vorher mit Filzstift auf der Kette markiert wurde, voll ausgewebt.

Für **Einrahmungen** eignen sich waagerecht liegende Formen am besten. Es wird zunächst das »Bett« gewebt, dann die Form in einer anderen Farbe, die anschließend weiter überwebt wird. Dieses Einrahmen von Formen ist die Grundtechnik des **»bewegten Webens«** oder der **Bildwirkerei**. Typisch hierfür ist, daß sich die waagerechte Einschußrichtung ändert.

Variationen, Geschlungenes, Geknüpftes

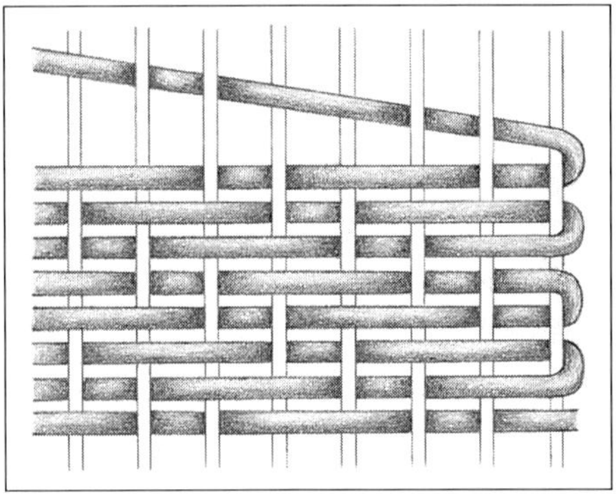

Köperbindung: durch versetztes Überspringen von zwei Fäden entstehen Diagonalen.

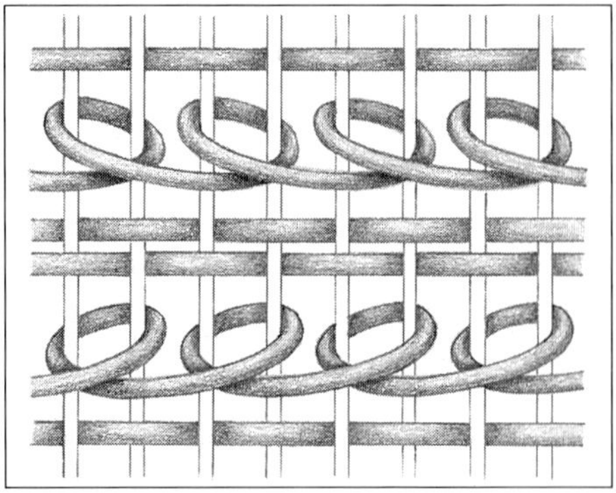

Sumakschlingen (-stiche) werden durch zwei Einschüsse in Leinwandbindung verfestigt.

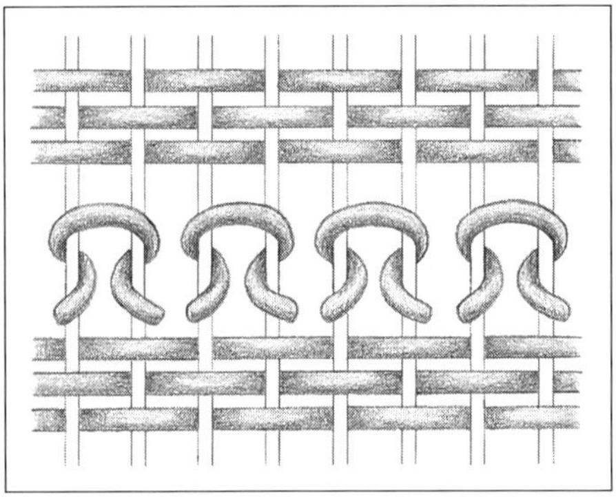

Der Smyrnaknoten wird um zwei Fäden geknüpft.

Schlaufen werden um einen Stab geschlungen.

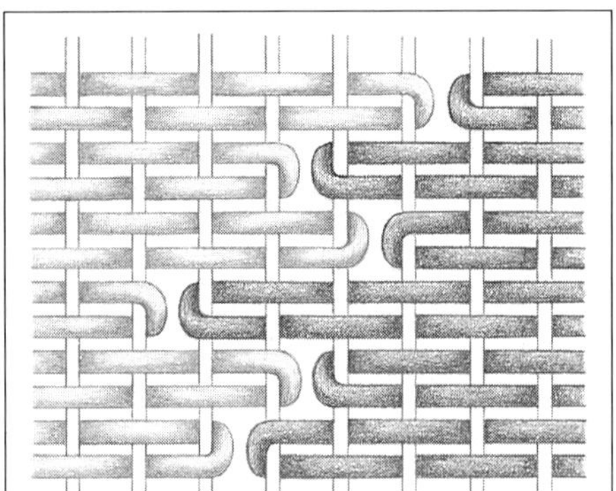

Bei Schraffuren wird mit zwei Farben gleichzeitig in entgegengesetzter Richtung gewebt.

Um frei gewebte Formen kann später eine Kontur aus Sumakschlingen gelegt werden.

Dieses Detail zeigt Experimente in verschiedenen Techniken.

Typisch für die **Köperbindung** ist die Diagonale, die durch die um einen Kettfaden versetzten Einschüsse entsteht. Indem zwei oder mehrere Kettfäden übersprungen werden, hat der Schuß eine größere Flottierung, er liegt also eine längere Strekke auf der Gewebeoberfläche als bei der Leinwandbindung und hat damit auch ein größeres Volumen: er wirkt fülliger.

Die **Sumakschlingen** bekommen, da sie gewöhnlich über zwei Kettfäden gearbeitet werden, Halt durch zwei anschließende Einschüsse in Leinwandbindung. Auch hier wirkt der Schuß plastischer und voluminöser als bei der einfachen Ripsbindung. Sumak eignet sich für geometrische Motive. Um Konturen schärfer hervorzuheben, kann man eine Linie aus Sumakschlingen (um jeweils einen Kettfaden gearbeitet) herumlegen.

Die **Smyrnaknoten** werden ebenfalls wie Sumak zwischen festgewebte Reihen gearbeitet. Geknüpftes kann dem Gewebe ein reliefartiges Aussehen verleihen, die Oberfläche wird lebendiger.

Schlaufen sollten nur in größeren Formaten verwendet werden, da sie leicht zu dominant wirken; sie können hinterher auch als Flor aufgeschnitten werden.

Um Farbfelder lebendig zu gestalten, kann man sie mit **Schraffuren** arbeiten. Man webt mit zwei Farben gleichzeitig, wobei die Fäden abwechselnd aufeinander zulaufen, im nächsten Fach wieder nach außen. In jeder Reihe bestimmt man den »Treffpunkt« neu. Schraffuren eignen sich gut, um Figürliches plastisch darzustellen oder weiche fließende Übergänge zu schaffen.

Es können auch **freie Formen** gewebt werden, um die dann mit Sumakstichen Konturen gelegt werden. Die Form kann so nicht mehr verrutschen. Die Umgebung kann entweder ausgespart (also als transparente Fläche stehen bleiben) oder mit der Webnadel um die Form herum gewebt werden. Diese Methode eignet sich besonders für das **»entwerfende Weben«** ohne Entwurfsskizze und für das **»bewegte Weben«**.

Hier sehen wir noch einmal die Webarbeit der letzten Seite: das bewegte Weben ist gut zu erkennen. Perlen und Pailletten wurden nachträglich aufgenäht.

Unterwasserbild

Behang in Schlitzweberei

Das **Unterwasserbild** wurde ohne Entwurf, also **entwerfend gewebt**. Es besteht aus zwei Ebenen: aus dem in Grün gehaltenen Bodengrund wächst eine Reihe organischer Formen in Blautönen, die zunächst separat gewebt werden. Danach wird der Hintergrund gestaltet, aus dem gleichzeitig weitere Formen herauswachsen. Das Bild entstand auf einem ovalen Schlitzwebrahmen, der mit einer grünen Wolle umwickelt wurde.
Ein gelungenes Beispiel für das entwerfende Weben ist die nebenstehende Arbeit in **Schlitztechnik**. Vorrangig war hier die **Erprobung von Material- und Farbwirkung**: stumpfe und klare Töne bilden Kontraste. Die einfache Komposition aus Rechtecken und Quadraten, unifarben oder mit Streifen gearbeitet, bringt die verschiedenen Materialien gut zur Geltung. Handgesponnene Garne mit dem typischen Noppeneffekt stehen neben Streifen aus leuchtenden Leinen- und Jutegarnen. Im Gegenlicht werden die typischen Schlitze sichtbar.

Strukturbilder in Naturtönen

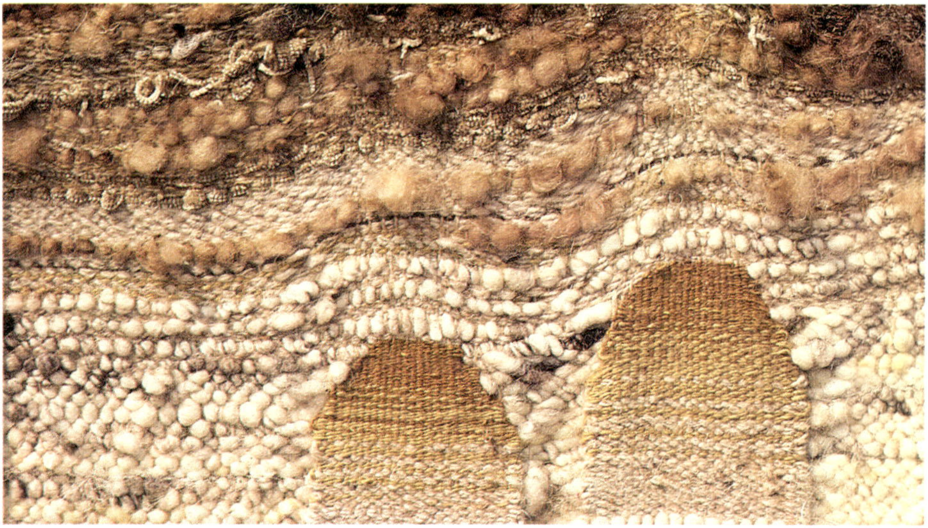

Detail des Wandteppichs von der Buchrückseite, gewebt mit Naturgarnen.

Dieses Detail zeigt deutlich den bewußten Einsatz der Schlitzweberei.

Experimente: die Kettfäden blieben stellenweise frei stehen.

Gut durchdachte Farbübergänge bestimmen dieses Anfängerbild.

Bei diesen Beispielen, die bewußt in Naturfarben **Ton in Ton** gearbeitet sind, wirken vor allem kontrastierende Materialien und sanfte Hell-Dunkel-Übergänge.

Zwei der gegenüberliegenden Abbildungen sind **Details** eines größeren Wandteppichs. Er besteht aus ungesponnener Wolle im Hintergrund und aus dünner Wolle in Skalen von Braun-Oliv bis Braun-Orange in den Motiven.

Die Arbeit unten rechts ist ein Erstlingswerk, in dem **verschiedene Techniken erprobt** wurden: offene Kette, der Kreis wird mit Sumakstichen in Form gebracht; seitlich davon Stege in Hell-Dunkel-Abstufung mit Sumak umwickelt; bewegt gewebte Formen. Auch mit Kett- und Schußmaterialien wurde experimentiert: die Kette besteht aus Leinen und Baumwolle. Für den Schuß wurden die verschiedensten gesponnenen und ungesponnenen Garne und Stoffstreifen verwendet.

Die obige Arbeit ist ebenfalls ein Anfängerbild und zeigt einen gelungenen **Farbübergang** von dunklen Olivtönen in der unteren Bildhälfte bis hin zu hellen und weißen Tönen im »Himmel«. Mittendrin schwebt eine rote Kugel als Farbfleck, die etwas aus der Mitte versetzt im Goldenen Schnitt gut plaziert ist. Das Rot taucht stellenweise im Hintergrund noch einmal auf und hält die Komposition zusammen.

Einmal hoch und einmal quer

Durch das Weben in waagerechten Reihen wirken die Formen breit und gedrungen.

Die Gobelins der **Navajo-Indianer in New Mexico** lassen uns deutlich ablesen, in welche Richtung jeweils gewebt wurde: Bei dem oberen Bild mit dem langgestreckten Haus, der Kuhkoppel und den schneebedeckten Bergen wirken die Formen breit und gedrungen. Es wurde **von unten nach oben gewebt**; die **Betonung der Waagerechten** entspricht der Richtung der Einschüsse.
Auf dem Bild rechts oben wirken die Figuren dünn, langgestreckt und eckig. Hier wurde der bespannte Rahmen um 90 Grad gedreht und **quer gewebt**, es wurde also an der rechten oder linken Seite begonnen. **Senkrecht betonte Formen** lassen sich so am besten arbeiten: aufrechte Figuren, Florales mit hochgereckten Blättern und Stengeln, vierbeinige Tierfiguren oder ornamentale Formen mit Längsbetonung.
Die Indianerfrauen arbeiten ihre Webereien ohne Karton, das bedeutet **ohne Vorlage in Originalgröße**. Gerade bei den figürlichen Darstellungen arbeiten sie oft spontan und nur angelehnt an traditionelle Muster, ohne diese direkt zu kopieren.
Auch die Weberin, die ihren Webstuhl vor dem Hogan aufgebaut hat, arbeitet an einem ornamentalen Gobelin ohne Karton. Die Nahaufnahme zeigt **ihre Arbeitsweise**: wie bei der Verzahnung werden alle angrenzenden Farbfelder zugleich Reihe für Reihe gearbeitet. Dabei wird mit Verschlingungen gearbeitet: das bedeutet, die Schußfäden werden jeweils zwischen zwei benachbarten Kettfäden miteinander verschlungen und in entgegengesetzter Richtung wieder zurückgewebt. Das ergibt ein besonders dichtes Oberflächenbild. Alle Fäden werden sorgfältig verwebt, so daß die Rückseite und die Vorderseite gleich aussehen; das ist erforderlich, wenn die Weberei als Teppich verwendet wird. Der Anschlag erfolgt mit einer hölzernen Anschlaggabel. Deutlich sieht man die Anwendung des quergestellten Kreuzstabes, durch den ein Webfach zum Einlegen des Schußfadens gebildet wird.

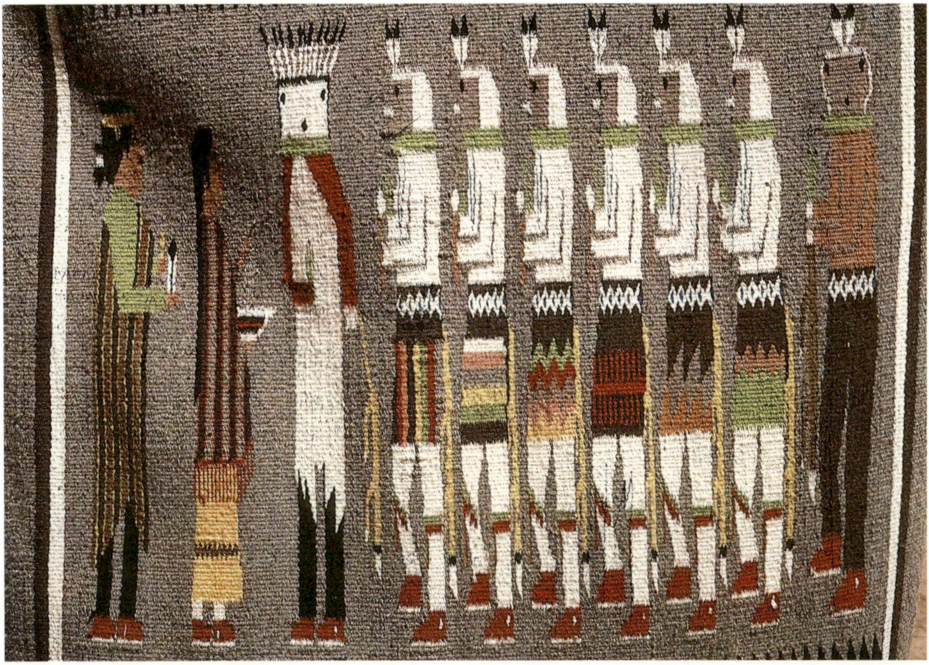

Der Webrahmen wurde gedreht, und die Figuren wurden senkrecht gewebt: sie wirken dünn und gestreckt.

Der Schußfaden wird angeschlagen. Der Kreuzstab bildet ein Webfach.

Ohne direkte Vorlage webt die Indianerin den Teppich in traditionellen Mustern.

Anregungen und Bildideen

Fotos als Ausschnitte der Wirklichkeit regen durch ungewohnte Ansichten zu Gestaltung an.

Formen, Farben, Stimmungen – neue Webideen entstehen.

Von der Idee zum Entwurf

Erfahrungsgemäß bereitet die bildnerische Entwurfsarbeit große Schwierigkeiten. Entweder ist man **zu sehr an schon Gesehenem orientiert**, oder man plant **komplizierte naturalistische und perspektivische Darstellungen** von Landschaften, Menschen- oder Tierfiguren. Da hier viel Erfahrung nötig ist, ist man mit dem Ergebnis oft unzufrieden. Als **Anfänger** sollten Sie sich **auf einfache Kompositionen beschränken**. Schauen Sie sich Fotos an, die uns der Buch-, Zeitschriften- und Kalendermarkt reichlich bietet. Am besten legen Sie sich eine kleine Sammlung von interessanten Motiven an. Oder entdecken Sie selbst mit der Kamera Ihre Umgebung: einmal bietet uns die **Natur** eine Fülle von Anregungen (bizzar geformte Steine, Blatt- und Baumstrukturen, weite Landschaften), zum anderen liefert auch unsere **technisierte Welt** eine Vielzahl von Bildideen (Details verfallener Häuser, Fenster und Türen, verwittertes Holz, Silhouetten von Industrieanlagen, Details von technischen Geräten).

Lösen Sie sich von der naturalistischen Darstellung und versuchen Sie, Ihre Komposition auf einige einfache Grundformen zu reduzieren. Leicht variiert, bilden diese dann den Grundrhythmus des Bildes.

Lassen Sie sich in der Farbgebung anregen von den Lichtstimmungen eines Abendhimmels, den nebligen Silhouetten einer Gebirgslandschaft, den satten Farben einer Frühlingswiese, von den irisierenden Farben auf technischen Details oder der Farbbrillianz eines Edelsteines.

Eine gute **Hilfe zur Ideenfindung** ist ein **kleines Papp-Passepartout**, ein Rahmen, der innen nicht größer als 5 x 5 cm ausgeschnitten ist. Indem Sie ihn **auf größeren Abbildungen** hin- und herschieben, entdecken Sie ungewöhnliche Bildausschnitte mit verfremdeten, abstrakten Kompositionen.

Mit Hilfe eines **Quadratrasters** werden die Vorlagen auf die gewünschte Größe gebracht und auf Transparentpapier oder Karton gezeichnet. Diese **Vorlage** wird nun **unter den Webrahmen** geheftet. Sie können auch vorsichtig die Hauptlinien Ihres Entwurfes Stück für Stück mit Farbe oder Filzstift **auf die Kette zeichnen**.

Das eigene Haus weben

Ein Foto gab Anlaß für das Bild – nicht jedes Detail muß sich in der Weberei wiederfinden.

Das fertig gewebte Haus zeigt nur wenig Ähnlichkeit mit dem Original. Das Dia wurde lediglich als Bildidee benutzt.

Eine Farbskizze in Aquarell

Querweben betont die Senkrechten.

Das Haus selbst ist bereits fertig.

Details wurden später aufgestickt.

Dieses kleine holländische Haus diente als Vorlage für eine Webarbeit. Nicht alle architektonischen Details wurden übernommen, lediglich die äußere Form wurde farblich interessant gestaltet. Natürlich können Sie auch nach Fotovorlage Ihr eigenes Haus weben.

Die Fotosequenz zeigt **Schritt für Schritt** die Arbeitsfolge:

Zunächst wird die Bildidee zu einer **Farbskizze** umgesetzt. Es genügt auch eine Umrißskizze, so können Sie während des Webens die Farben spontan bestimmen.

Auf der zweiten Abbildung wird deutlich, daß das Haus **quer gewebt** wird, um die **senkrechten Formen** besser arbeiten zu können. Auch die feinen Gräser ließen sich so gut arbeiten. (Die Arbeit soll später auf dem Rahmen verbleiben, deshalb wird auf den angewebten Rand verzichtet).

Die nächste Abbildung zeigt bereits das **fertige Haus**. Gräser und Bäume wurden bewegt gewebt, beim Dach und Himmel die Farben und Materialien **gemischt**. Zu erkennen ist auch, daß für den linken Baum ein kleines **»Bett«** in der Hauswand ausgespart werden mußte, damit ein Teil der Äste vor dem Haus Platz hat.

Bei der **Detailaufnahme** des Hauses sehen wir, daß die waagerecht erscheinenden Linien (die oberen Tür- und Fensterbalken sowie die Dachrinne) als **Stege in Schlitzweberei** gearbeitet wurden; die feinen Fensterkreuze und die schwarzen Türunterteilungen sind nachträglich **aufgestickt** worden.

Gewebte Blütenträume

Das Aquarell illustriert einen Text von Hermann Hesse.

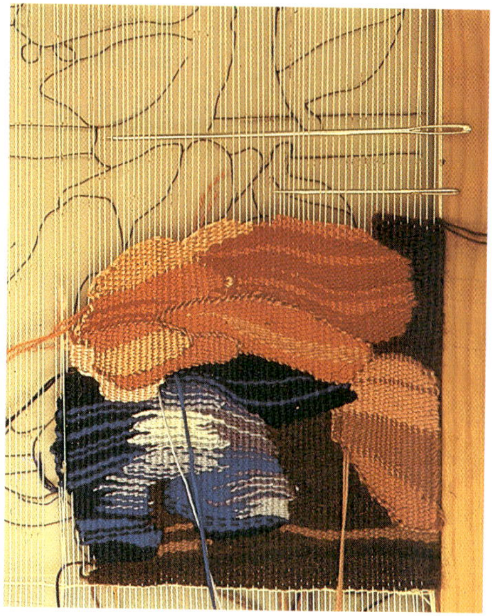

Die Linien der unterlegten Skizze werden vorsichtig auf die Kette übertragen.

Hier wurde ein **stimmungsvolles Blumenaquarell** in eine fein ausgearbeitete Weberei umgesetzt.
Das Aquarell zeigt vereinfachte Blütenformen, die durch die **Farbverläufe** im Innern lebendig werden. Blätter und Stiele sind nur angedeutet. Auf dem **dunklen kontrastierenden Grund** erscheinen die **Farben klar und leuchtend**.

Das Arbeitsfoto zeigt, daß **quer gewebt**, der Rahmen also um 90° gedreht wurde. Die Transparentskizze unter dem Rahmen weist lediglich die Umrißformen auf.
Beim fertigen Bild sehen wir, daß die Farbübergänge durch **Schraffuren** und **häufigen Farbwechsel** zustande kommen. Teilweise wurden **Konturen** aus Glanzgarn **im Sumakstich** gearbeitet.

Das Detail aus der Webarbeit zeigt deutlich die Farbübergänge.

Das fertige Webbild hat weitgehend die Farbstimmung des Aquarells getroffen.

Regenbogenlandschaft

Für den Weg wird ein »Bett« gearbeitet.

Der Himmel wird waagerecht gewebt.

Der Regenbogen wird im Halbrund über die ganze Breite gewebt.

Dieses Bild, stellvertretend für **Landschaftsdarstellungen**, wird schrittweise aufgebaut:
In **bewegter Webtechnik** wird zunächst der untere dunkle Teil gewebt. Dann folgen die separat gearbeiteten **Bäume** in der Bildmitte, die nun in helleren Grüntönen dicht umwebt werden. An der linken Seite wurde das **»Bett«** für den **Weg** geschaffen, der in zwei Abschnitten eingelegt wird. Anschließend werden die Landschaftsformationen weitergeführt. Für den **Regenbogen** wird zunächst ein Halbrund gearbeitet, dabei erfolgt eine leichte Hell-Dunkel-Abstufung in Blautönen. Die Regenbogenfarben werden nun über den gesamten Halbkreis gelegt und mit einigen Blautönen abgerundet. Seitlich beginnen wieder **waagerechte Einschüsse**, die allmählich die **Rundung einschließen**.

Das fertige Webbild wurde hinter einen mahagonifarbenen Rahmen gespannt.

Der Baum – ein unerschöpfliches Thema

Der Baum als Bildelement bietet einen unerschöpflichen Ideen- und Gestaltungsfundus. Alle die abgebildeten **Kinderbäume** sind **entwerfend** gewebt, also spontan ohne konkrete Arbeitsskizze. Aufgabenstellung war es, für den Baum **möglichst viele Grüntöne zu mischen** und diese in Kontrast zu bringen zu einem **andersfarbigen Hintergrund**. Der verkrüppelte Baum unten links lebt dagegen durch den Materialkontrast der Naturwollen zu den Blautönen des Himmels und zu den Farbmischungen im mächtigen Stamm.

»Majas Baum« auf der anderen Seite, auch entwerfend gewebt, ist schichtenförmig aufgebaut. **Grundform** ist die **längliche Blattform**. Das Laub ist teilweise durch dünne Äste mit dem Stamm verbunden. Es wurde jeweils das **»Bett«** gewebt, in das das Blatt eingearbeitet und dann vom Hintergrund umrahmt wurde.

Diese sehr unterschiedlichen Bäume wurden von Kindern gestaltet.

»Majas Baum« lebt durch den Kontrast von Pastelltönen zum dunklen Grund.

Jahreszeitenbaum

Sommerbaum

Herbstbaum

Für den Jahreszeitenbaum entstanden verschiedene **Aquarelle**, die nur die **Grundform des Baumes** und die **Horizontlinie** gemeinsam haben.
Die Krone des **Sommerbaumes** erhält Plastizität durch **Schlingen**, eingelegte **Rohwolle** und grobe **Köperbindung**. Auch die Farbfelder in der Bildmitte werden durch gegeneinander laufenden Köper, den Fischgrat, lebendig gestaltet.
Im Blattwerk des **Herbstbaumes** wird die Plastizität durch eingelegte **handgesponnene Wollen** erreicht. Wichtig ist der **Hintergrund**, der sich zwischen den einzelnen Farbflächen, den Ästen und dem Blattwerk, streifig fortsetzt.
Schlitzweberei, **Köper** und **Schlingen** bestimmen die Gestaltung des **Winterbaumes**.

Farbskizze für den Winterbaum

Winterbaum: überlegte Garn- und Farbauswahl und die Webtechnik machen ihn lebendig.

Hölzer wurden später aufgenäht; stellenweise blieben die Kettfäden frei.

Was Materialzusammenstellungen angeht, sind der Phantasie keine Grenzen gesetzt.
Bei den Beispielen dieser Seiten wurden **Holzscheiben** mitverarbeitet. Beim oberen Bild wurden die Hölzer nachträglich aufgeheftet. Sie bilden einen schönen Kontrast zur plastisch gearbeiteten Krone. Auffällig ist hier die Gestaltung des Hintergrundes: freistehende Kettfäden verleihen dem Bild Transparenz.
Die hellen Flächen der rechten Arbeit entstanden durch das Verweben ungesponnener Wolle. Damit das Gewebe Festigkeit erhält, müssen nach jedem Wolleintrag noch zwei Schüsse aus dem stabilen Kettmaterial erfolgen. Vor jedem Schuß das Fach wechseln!

Mit Sumakstichen wurden die Holzscheiben direkt in das Gewebe eingearbeitet.

Harmonisch ist hier die Materialauswahl: zu den dunkel gebeizten Holzscheiben wurden Naturgarne für den Schuß und Jute für die Kette verwendet.

Eigenwillig in Form und Farbe: Figuren auf dunklem Grund aus handgesponnener Wolle.

Melancholisch mutet diese Stadtszenerie mit direkt eingewebter Schrift an.

Stimmungsvolles Hafenbild mit abstrahierten Formen und leuchtenden Farben.

Wandbehang

Dieser Behang in Grautönen (1,4 x 1 m) wurde auf einem großen Rahmen gewebt. Der untere Teil besteht aus lang heraushängenden Schlaufen, der obere Teil wurde flach in Schlitzweberei gearbeitet.